BEI GRIN MACHT SICH IHR WISSEN BEZAHLT

- Wir veröffentlichen Ihre Hausarbeit, Bachelor- und Masterarbeit

- Ihr eigenes eBook und Buch - weltweit in allen wichtigen Shops

- Verdienen Sie an jedem Verkauf

Jetzt bei www.GRIN.com hochladen und kostenlos publizieren

Bibliografische Information der Deutschen Nationalbibliothek:

Die Deutsche Bibliothek verzeichnet diese Publikation in der Deutschen Nationalbibliografie; detaillierte bibliografische Daten sind im Internet über http://dnb.d-nb.de/ abrufbar.

Dieses Werk sowie alle darin enthaltenen einzelnen Beiträge und Abbildungen sind urheberrechtlich geschützt. Jede Verwertung, die nicht ausdrücklich vom Urheberrechtsschutz zugelassen ist, bedarf der vorherigen Zustimmung des Verlages. Das gilt insbesondere für Vervielfältigungen, Bearbeitungen, Übersetzungen, Mikroverfilmungen, Auswertungen durch Datenbanken und für die Einspeicherung und Verarbeitung in elektronische Systeme. Alle Rechte, auch die des auszugsweisen Nachdrucks, der fotomechanischen Wiedergabe (einschließlich Mikrokopie) sowie der Auswertung durch Datenbanken oder ähnliche Einrichtungen, vorbehalten.

Impressum:

Copyright © 2016 GRIN Verlag
Druck und Bindung: Books on Demand GmbH, Norderstedt Germany
ISBN: 9783346123466

Dieses Buch bei GRIN:

https://www.grin.com/document/520588

Julia Eydt

"Als Abbild Gottes schuf er ihn...". Das Besondere der biblischen Rede von der Gottebenbildlichkeit des Menschen in Gen 1 im Vergleich zu deren altorientalischen Bezügen

GRIN Verlag

GRIN - Your knowledge has value

Der GRIN Verlag publiziert seit 1998 wissenschaftliche Arbeiten von Studenten, Hochschullehrern und anderen Akademikern als eBook und gedrucktes Buch. Die Verlagswebsite www.grin.com ist die ideale Plattform zur Veröffentlichung von Hausarbeiten, Abschlussarbeiten, wissenschaftlichen Aufsätzen, Dissertationen und Fachbüchern.

Besuchen Sie uns im Internet:

http://www.grin.com/

http://www.facebook.com/grincom

http://www.twitter.com/grin_com

„Als Abbild Gottes schuf er ihn..."

Das Besondere der biblischen Rede von der Gottebenbildlichkeit des Menschen in Gen 1 im Vergleich zu deren altorientalischen Bezügen

Inhaltsverzeichnis

1. **Einleitung** — S.2-3

2. **Gottebenbildlichkeit im Alten Testament**
   2.1 Der Schöpfungsakt des Menschen in Gen 1 — S.4
   2.2 *dominum terrae*- Der Herrschaftsauftrag des Menschen in Gen 1,28-29 — S.4-6
   2.3 Gottebenbildlichkeit in den alttestamentlichen Vergleichsstellen von Gen 5,3; 9,6 und Ps 8 — S.7-9
   2.4 Sprachliche Besonderheiten
       2.4.1 *slm* und *dmwt* — S.9-11

3. **Vorstellungen der Gottebenbildlichkeit im Alten Ägypten**
   3.1 Die Menschenschöpfung — S.11
       3.1.1 Hymnus an Ptah — S.12
       3.1.2 Der Amon-Hymnus — S.13-14
   3.2 Der König als Gottheit- die altägyptische Königsideologie — S.14-17
   3.3 Herrschaft und Beauftragung — S.17-19

4. **Das Menschenbild in Mesopotamien in Bezug zu Menschenschöpfung und Abbild Gottes-Konzeption**
   4.1 Der Mensch in den Schöpfungsmythen — S.19-20
       4.1.1 Enuma eliš — S.20-22
       4.1.2 Atramhasis-Epos — S.22-25
       4.1.3 Der Lullu-und der Maliku-Mensch — S.25-26
   4.2 Königsideologie und Gottesstatuenmetapher in Mesopotamien — S.26-29
       4.2.1 Die Statue des Hadad Yisi in Tel Fekherije — S.29-30

5. **Schlussreflexion** — S.30-34

6. **Literatur- und Quellenverzeichnis** — S.35-38

1. Einleitung

Die Relevanz der Frage nach der Gottebenbildlichkeit des Menschen fand in der Vergangenheit insbesondere Berücksichtigung zur Begründung und Verteidigung der unveräußerlichen Würde des Menschen[1] und zieht innerhalb der christlichen Anthropologie eine bis heute unangetastete Rechtfertigung der menschlichen Würde nach sich[2]. Beachtet man den jüdisch-christlichen Kontext zuerst, leitet sich die Gottebenbildlichkeit im Wesentlichen von den theologischen Aussagen der Priesterschrift im hebräischen Testament ab (Gen 1,26.27; 5,1; 9,6)[3] sowie von einer welteren alttestamentlichen Vergleichsstelle in Ps 8, die die Ähnlichkeit des Menschen mit seinem Schöpfer betont (Ps 8,6), doch in der Rezeptionsgeschichte meist hinter der Genesis zurücksteht. Dass die Vorstellung, wonach der Mensch Ebenbild Gottes, *imago dei*, ist, d.h. nach seinem Abbild geschaffen wurde, nicht erst mit Aufzeichnung der priesterlichen Schrift ihren Niederschlag fand, beweisen zahlreiche Überlieferungen aus dem altorientalischen Kontext. Die Umwelt des Alten Testaments verfügte über komplexe Mythologien, die von verschiedenen Theogonien[4], über die Schöpfung des Kosmos bishin zur Erklärung der menschlichen Schöpfung reichen, wie wir sie in eindrücklicher Darstellung vor allem in Mesopotamien vorfinden[5]. Die Schöpfungsakte sind somit untrennbar mit dem Menschenbild verbunden,

---

[1] Dreier, Horst (Hrsg): Art.1-19 Rn. 2-5, in: Grundgesetzkommentar Bnd.1, Tübingen ²2004; eig. Anm.: Die Unantastbarkeit der menschlichen Würde inspirierte mehrere Staatsverfassungen und fand neben dem Deutschen Grundgesetz und den Landesverfassungen u.a. auch Einhalt in die italienische und schweizerische Bundesverfassung.
[2] Groß, Walter: Die Gottebenbildlichkeit des Menschen im Kontext der Priesterschrift, in: Professoren der Universität Tübingen (Hgg.): ThQ 161 (1981), S.245.
[3] Groß, Walter: Art.Gottebenbildlichkeit (Altes Testament), in: Kaspar, Walter; Baumgartner, Konrad; Bürkle, Horst (Hgg.): LThK 4, Freiburg u.a. ³1995, Sp. 871.
[4] Entstehung der Götter.
[5] Zu nennen sind in diesem Zusammenhang die bekanntesten Mythen wie die sumerische Überlieferung von Enki und Ninmach oder akkadische Epen wie das Enuma Elisch bzw. der babylonische Atramhasis-Epos.

weshalb auch diese Überlieferungen, sowohl aus der mesopotamischen wie der ägyptischen Tradition Bestandteil der Arbeit sein werden. Sie bilden die Grundlage für ein vollumfängliches Verständnis vom Gott-Mensch-Zusammenhang der altorientalischen Umwelt und deren Motiven, die auch das Alte Testament inspiriert haben (könnten).

In die Darstellung der Gottebenbildlichkeit im Rahmen altorientalischer Kontexte gehören auch die Königsideologien, die einen besonderen Bezug zwischen königlichem Menschen und Gottheit aufmachen, was wiederum Auswirkungen hat auf die göttlich-menschliche Beziehung. An dieser Stelle ist zu erwähnen, dass die Königsideologie in besonderem Maß ihren Niederschlag in Ägypten fand, der mesopotamische Raum jedoch auch über die Vorstellung verfügte und sich beide Gebiete auch der Gottesstatuenmetapher bedienten. Hierzu liefert Mesopotamien auch die terminologischen Begrifflichkeiten, auf die in der nachfolgenden Arbeit noch expliziter eingegangen wird. Darüber hinaus offenbart die ägyptische Überlieferung ein komplexes Herrschaftsverständnis, dass es hinsichtlich des *dominum terrae* der Genesis zu untersuchen gilt.

Bezugnehmend auf den Titel soll das Ziel der Arbeit nicht allein die Darstellung unterschiedlicher oder ähnlicher Vorstellungen der Gottebenbildlichkeit im Alten Testament und seiner Umwelt sein. Vielmehr soll ein Vergleich angestrebt werden, der zwar die Einflussnahme kultureller Vorbilder und Parallelen[6] aufzeigen soll, die im AT sichtbar werden, aber abschließend die Besonderheit der

---

[6] Schmidinger, Heinrich: Der Mensch in Gottebenbildlichkeit. Skizzen zur Geschichte einer einflussreichen Definition, in: Schmidinger, Heinrich; Sedmak, Clemens: Der Mensch-ein Abbild Gottes? Geschöpf-Krone der Schöpfung-Mitschöpfer, Darmstadt 2010, S.9.

biblischen Sichtweise vom Menschen in Gottebenbildlichkeit in den Fokus nimmt.

2. Gottebenbildlichkeit im Alten Testament
2.1 Der Schöpfungsakt des Menschen in Gen 1

[26] *Dann sprach Gott: Lasst uns Menschen machen als unser Abbild, uns ähnlich. Sie sollen herrschen über die Fische des Meeres, über die Vögel des Himmels, über das Vieh, über die ganze Erde und über alle Kriechtiere auf dem Land.* [27]*Gott schuf also den Menschen als sein Abbild; als Abbild Gottes schuf er ihn. Als Mann und Frau schuf er sie.*

Die Erschaffung des Menschen schließt sich direkt an die der Tiere in Gen 1,25 an und fällt zeitlich betrachtet auf den selben Tag. Die Intension Gottes, wozu die Menschenschöpfung nütze, lässt sich aus der Bedingung entnehmen, die Gott an den Menschen stellt. Er soll an Gottes statt über all das herrschen, was dieser zuvor erschaffen hat. In besonderer Weise fällt ihm diese Aufgabe als Repräsentant auch deshalb zu, da er „als Abbild" Gottes konzipiert ist. Dieses Abbild liegt ohne Abstufung sowohl für den Mann als auch für die Frau vor. Sie sind als Gottes Abbilder vor ihm und untereinander gleichgestellt[7].

2.2 *Dominum terrae*- Der Herrschaftsauftrag des Menschen in Gen 1,28-29

[28] *„Gott segnete sie und sprach zu Ihnen: Seid fruchtbar und vermehrt euch, bevölkert die Erde, unterwerft sie euch und herrscht über die Fische des Meeres, über die Vögel des*

---

[7] Wellmann, Bettina: Die Erzählungen vom Anfang. Hintergründe zur biblischen Schöpfungstheologie, in: WuB 80 (2016), S.27; vgl. auch: Schmidinger, Heinrich: Der Mensch in Gottebenbildlichkeit. Skizzen zur Geschichte einer einflussreichen Definition, in: Schmidinger, Heinrich; Sedmak, Clemens: Der Mensch-ein Abbild Gottes? Geschöpf-Krone der Schöpfung-Mitschöpfer, Darmstadt 2010, S.9.

Himmels und über alle Tiere, die sich auf dem Land regen.
²⁹ Dann sprach Gott zu ihnen: Hiermit übergebe ich euch alle Pflanzen auf der Erde, die Samen tragen, und alle Bäume mit samenhaltigen Früchten. Euch sollen sie zur Nahrung dienen."[8]

Betrachtet man den Abschnitt in Gen 1, der an die Gottebenbildlichkeitsaussage anknüpft, drückt sich an dieser Stelle explizit die Bestimmung des Menschen aus, die mit ihm, als dem Ebenbild Gottes, in direkter Verbindung steht. Das Wesen der Gottebenbildlichkeit definiert sich vor allem funktional, indem der Mensch bestimmte Aufgaben und Fähigkeiten verliehen bekommt, die er in Gottes Sinn und an Gottes statt erfüllen soll, d.h. *„insofern er ermächtigt ist [...] ist der Mensch Gottes Abbild"*[9]. Gottes Segen liegt über den Menschen und die Aufforderung, sich der Erde anzunehmen. Die Menschen sollen es sein, die die Erde bevölkern und Verantwortung zu tragen haben für einander und die ihnen übergebenen Geschöpfe der Welt als die Repräsentanten Gottes[10]. Da Gott davon spricht, dass er „die Erde übergibt" (Gen 1,29) ist eine ernstzunehmende Verantwortung inkludiert.

Der Herrschaftsauftrag des Menschen konstituiert sich folglich als „Verantwortungsauftrag"[11] Der Terminus „herrschen" kann unter diesem Aspekt in der Art gelesen werden, als dass der Mensch von Gott zwar herausgehoben ist in seiner Stellung unter den Geschöpfen, ihm in seiner Bestimmung als *dominum terrae*[12] jedoch keine

---

[8] Einheitsübersetzung.
[9] Groß, Walter: Die Gottebenbildlichkeit des Menschen im Kontext der Priesterschrift, in: Professoren der Universität Tübingen (Hgg.): ThQ 161 (1981), S.260.
[10] Wellmann, Bettina: Die Erzählungen vom Anfang. Hintergründe zur biblischen Schöpfungstheologie, in: WuB 80 (2016), S.27.
[11] Kuschel, Karl-Josef: Der Mensch-Abbild oder Statthalter Gottes? Konsequenzen für Juden, Christen und Muslime, in: Schmidinger, Heinrich; Sedmak, Clemens (Hrsg.): Der Mensch-ein Abbild Gottes. Geschöpf-Krone der Schöpfung-Mitschöpfer, Darmstadt 2010, S.48.
[12] Weipert, Manfred: Tier und Mensch in einer menschenarmen Welt. Zum sog. Dominum terrae in Genesis 1, in: Mathys, Hans-Peter (Hrsg.): Biblisch-Theologische Studien. Ebenbild Gottes-Herrscher über die Welt. Studien zu Würde und Auftrag des Menschen, Neukirchen-Vluyn 1998, S.35.

willkürliche Machtausübung zukommt. In der Weise, wie Gott dem Menschen seine Nahrung zuweist, wird diese Konnotation sichtbar[13].

Gott definiert den Menschen an dieser Stelle der Genesis als Vegetarier[14], dem Samen und Früchte gegeben sind (Gen 1,29), die Tötung von Tieren jedoch nicht eingeschlossen ist, was wiederum die Betonung der Eingebundenheit des Menschen in die göttliche Schöpfung verdeutlicht. Die legitime Aufnahme auch fleischlicher Kost ergibt sich erst in nachsintflutlicher Ordnung (Gen 9,3).

Dass der Fleischgenuss unvermittelt und unbegründet gewährt wird, könnte ein Anzeichen auf eine Ätiologie sein, um den Verzehr von Fleisch mit der Autorität des göttlichen Wortes zu legitimieren[15].

Jedoch muss an dieser Stelle mitgedacht werden, unter welchen Realbedingungen die Menschen des Alten Israels tatsächlich gelebt haben. Eine Bedrohung des eigenen Lebensraumes durch Land- im speziellen Raubtiere war in einer (noch) nicht urbanisierten Umwelt ständig gegeben. Insofern war eine Tötung aus Sicherheitsgründen für die Menschen damals unabkömmlich und die Befähigung zu „herrschen" ermöglichte ihnen auch eine Legitimation der Tierestötung, um das eigene Leben und den Lebensraum der Menschen zu sichern[16]. „Herrschen" erfährt demzufolge immer eine Doppeldeutigkeit, ist von der Gen 1 her aber als „herrschen in Verantwortung" zu denken.

---

[13] Keel, Ottmar; Schroer, Silvia: Schöpfung. Biblische Theologie im Kontext altorientalischer Religionen, Göttingen 2002, S. 183.
[14] Ebenda, S. 183 vgl. auch: Groß, Walter: Art. Gottebenbildlichkeit (Altes Testament), in: Kaspar, Walter; Baumgartner, Konrad; Bürkle, Horst (Hgg.): Lexikon für Theologe und Kirche 4: Franca bis Hermenegild, Freiburg u.a. ³1995, Sp.871.
[15] Weipert, Manfred: Tier und Mensch in einer menschenarmen Welt. Zum sog. dominum terrae in Genesis 1, in: Mathys, Hans- Peter (Hrsg.): Biblisch-Theologische Studien. Ebenbild Gottes- Herrscher über die Welt. Studien zu Würde und Auftrag des Menschen, Neukirchen-Vluyn 1998, S.54.
[16] Ebenda, S.53.

2.3 Gottebenbildlichkeit in den alttestamentlichen Vergleichsstellen von Gen 5,3 und Ps 8

Neben der priesterschriftlichen Gottebenbildlichkeitsaussage in Gen 1,26ff, die in der biblischen Rezeption die Grundlage für die Rede vom Menschen als Ebenbild Gottes bildet, verweisen auch weitere Bibelstellen sowohl innerhalb der Genesis als auch außerhalb auf die Konzeption der Gottebenbildlichkeit und sprechen andere Aspekte an, die es nun zu beleuchten gilt. In Gen 5,3 heißt es *„Adam war hundertdreißig Jahre alt, da zeugte er einen Sohn, der ihm ähnlich war, wie sein Abbild, und nannte ihn Set"*. Diese Aussage betont die Gottebenbildlichkeit in Bezug auf das Verhältnis von Gott und Mensch in einer fortlaufenden und verwandtschaftlichen Beziehung. Die Beziehung von Adam und Set, von Vater und Sohn als Abbild voneinander, verweist auf die Vater-Sohn-Beziehung, die auch der Mensch zum himmlischen Vater einnimmt.[17] Der Zusatz, dass Set Adam *„ähnlich war"* und es auch in Gen 1, 26 heißt: *„Lasst uns Menschen machen als unser Abbild, uns ähnlich"* zeigt zum einen die bildliche Nähe zwischen Gott und Mensch[18], Vater und Sohn, zum anderen beinhaltet „ähnlich" auch eine Einschränkung, um zu vermeiden, dass Gott und Mensch sowie Vater und Sohn als zu identisch wahrgenommen werden.[19] Der Mensch als Ebenbild Gottes beruht somit nicht auf einer bloßen Kopie, die nicht mehr voneinander unterscheidbar macht. Die

---

[17] Keel, Ottmar; Schroer, Silvia: Schöpfung. Biblische Theologie im Kontext altorientalischer Religionen, Göttingen 2002, S. 180.
[18] Schmidinger, Heinrich: Der Mensch in Gottebenbildlichkeit. Skizzen zur Geschichte einer einflussreichen Definition, in: Schmidinger, Heinrich; Sedmak, Clemens: Der Mensch-ein Abbild Gottes? Geschöpf-Krone der Schöpfung-Mitschöpfer, Darmstadt 2010, S.9.
[19] Fischer, Georg: „nach unserem Bilde und unserer Ähnlichkeit" (Gen 1,26). Die provokante Aussage von der Erschaffung des Menschen im Horizont von Altem Testament und Altem Orient, in: Schmidinger, Heinrich; Sedmak, Clemens (Hgg.): Der Mensch- ein Abbild Gottes? Geschöpf-Krone der Schöpfung-Mitschöpfer, Darmstadt 2010, S.163.

Gottebenbildlichkeit in Gen 5,3 meint diese als seine Bestimmung, Gott und seinen Mitmenschen nahe zu sein, wie ein Kind seinen Eltern nahesteht.[20] Die gesamte menschliche Gemeinschaft befindet sich in göttlicher Nähe zum himmlischen Vater und ist in jeder einzelnen Person Gottes Ebenbild. Die Beziehungskomponente, die Gen 5,3 zu verdeutlichen versucht, schließt alle Menschen in ein aktives Verhältnis zu ihrem Schöpfer ein. Set übernimmt durch Adams Abbild auch das Ebenbild Gottes, da Adam selbst „als Abbild Gottes" (Gen 1,27) geschaffen wurde. Die gesamte menschliche Nachkommenschaft gründet sich folglich auf die Gottebenbildlichkeit des ersten Menschen und macht neben dem Herrschafts-und Repräsentationsaspekt noch etwas Anderes deutlich: Diese Gott-Mensch-Beziehung ist außergewöhnlich in ihrer Unmittelbarkeit und Intimität mit der sie sich gestaltet. Auf Basis dieser besonderen Verbindung von Schöpfer und Geschöpf lässt sich auch die Vergleichsstelle in Ps 8 verstehen, in der es heißt: „*⁵ Was ist der Mensch, dass du an ihn denkst, des Menschen Kind, dass du dich seiner annimmst?⁶ Du hast ihn nur wenig geringer gemacht als Gott, hast ihn mit Herrlichkeit und Ehre gekrönt.⁷Du hast ihn als Herrscher eingesetzt über das Werk deiner Hände, hast ihm alles zu Füßen gelegt"* Die königliche Terminologie, mit der der Mensch in Psalm 8 beschrieben wird, knüpft nicht nur an die Aussagen in Gen 1,26 an, sondern konkretisiert und verstärkt die herausgehobene Stellung der Menschheit[21].
Während in der Genesis die Gottebenbildlichkeit vor allem in der Bestimmung des Menschen zu finden ist, betont Ps 8

---

[20] Wellmann, Bettina: Die Erzählungen vom Anfang. Hintergründe zur biblischen Schöpfungstheologie, in: WuB 80 (2016), S.27 u.29.

[21] Fischer, Georg: „nach unserem Bild und unserer Ähnlichkeit" (Gen 1,26). Die provokante Aussage von der Erschaffung des Menschen im Horizont von Altem Testament und Altem Orient, in: Schmidinger, Heinrich; Sedmak, Clemens (Hgg.): Der Mensch-ein Abbild Gottes? Geschöpf-Krone der Schöpfung-Mitschöpfer, Darmstadt 2010, S.173.

die besondere Würde, die durch die Bindung Gottes an den Menschen und umgekehrt erfahrbar wird. Indem der Mensch, gleich einer Inthronisation, von Gott zur Repräsentanz seiner selbst und zur Verwaltung seiner Schöpfung eingesetzt ist, erfährt dieser eine Würde, die die aller Geschöpfe übersteigt. Mit der „Herrlichkeit und Ehre", die dem Menschen zuteilwird, wendet sich Gott seinem Ebenbild zu, welches von ihm „gekrönt" (Ps 8,6) seine Macht auf Erden verkörpern soll[22] und doch stets rückgebunden ist an seinen Schöpfer[23].

2.4 Sprachliche Besonderheiten
2.4.1 slm und dmwt

Das hebräische Wort *sælæm* kann verschiedene Bedeutungen einnehmen, von denen „Bild" sowie „Skulptur, Statue" oder „Relief" die häufigsten darstellen. Sprachhistorisch verweist das hebräische *sælæm* auf den mesopotamischen Kulturraum, in dem z.B. das akkadische *salmu* zu finden ist, welches auf das „(Ab)Bild" eines Gottes verweist.[24] Hierbei ist anzumerken, dass Mesopotamien über mehrere Ausdrücke für eine bildliche Vorstellung verfügte, von denen z.B. *mussulu*, das Ebenbild, der Gottebenbildlichkeitsvorstellung der Genesis inhaltlich näherstünde[25]. Terminologisch hat sich *salmu* als semitisch sprachverwandt jedoch durchgesetzt. Dies ist dadurch zu erklären, dass *salmu* vor allem die Statuenhaftigkeit betont, d.h. tatsächlich im

---

[22] Keel, Ottmar; Schroer, Silvia: Schöpfung. Biblische Theologie im Kontext altorientalischer Religionen, Göttingen 2002, S.180.
[23] Neumann-Gorsolke, Ute: Herrschen in den Grenzen der Schöpfung. Ein Beitrag zur alttestamentlichen Anthropologie am Beispiel von Psalm 8, Genesis 1 und verwandten Texten, Neukirchen-Vluyn 2004, S.317.
[24] Keel, Ottmar; Schroer, Silvia: Schöpfung. Biblische Theologie im Kontext altorientalischer Religionen, Göttingen 2002, S.179.
[25] Groß, Walter: Die Gottebenbildlichkeit des Menschen im Kontext der Priesterschrift, in: Professoren der Universität Tübingen (Hgg.): ThQ 161 (1981), S.248.

Zusammenhang mit einer bildhaften, materiellen Skulptur her gedacht werden muss[26].

Aus diesem Grund konnte sich der Terminus der „Gottesstatuenmetapher"[27] überhaupt erst entwickeln. Der König als Gottes Statue erlangte in Mesopotamien und Ägypten große Popularität und ist durch materielle (z.b. Amulette) wie inschriftliche Belege bezeugt[28], was die Verbreitung im Raum Israel auch sprachlich erklären könnte. Auf diese Weise ist nicht nur der ideelle Hintergrund, sondern auch die sprachliche Verwandtschaft von *sælæm* und *salmu* zu erklären.

In Gen 1,26f wird, in der Ergänzung zu *sælæm* auch der Begriff *demut* verwendet, der die Ähnlichkeit des Abgebildeten mit dem Original betont, jedoch vorrangig auf die innere Wesensähnlichkeit zwischen Gott und Mensch abzielt.[29] In Anlehnung an die altägyptischen und mesopotamischen Vorstellungen ist wahrscheinlich von einer alttestamentlichen Rezeption des Menschen als „lebendes Götterbild" auszugehen, von dem die Verfasser der Genesis vermutlich Gebrauch machten.[30] Inwiefern der Mensch von einer rein bildlichen Vorstellung her als Gottes Ebenbild zu verstehen ist, kann mit Verweis auf *sælæm* und *demut* beantwortet werden: Als Abbild Gottes ist der Mensch im Schöpfungsakt von Mann und Frau repräsentiert (Gen 1,27), aber vor allem in seiner Beauftragung (Gen 1,26.28-29) und Repräsentanz an

---

[26] Schmidinger, Heinrich: Der Mensch in Gottebenbildlichkeit. Skizzen zur Geschichte einer einflussreichen Definition, in: Schmidinger, Heinrich; Sedmak, Clemens: Der Mensch- ein Abbild Gottes? Geschöpf-Krone der Schöpfung-Mitschöpfer, Darmstadt 2010, S.9.

[27] Groß, Walter: Gen 1,26.27; 9,6: Statue oder Ebenbild Gottes? Aufgabe und Würde des Menschen nach dem hebräischen und dem griechischen Wortlaut, in: Baldermann, Ingo; Dassmann, Ernst; Fuchs, Otto (Hgg.): JBTh 15 (2001), S.12.

[28] Fischer, Georg: „nach unserem Bild und unserer Ähnlichkeit" (Gen 1,26). Die provokante Aussage von der Erschaffung des Menschen im Horizont von Altem Testament und Altem Orient, in: Schmidinger, Heinrich; Sedmak, Clemens (Hgg.): Der Mensch-ein Abbild Gottes? Geschöpf-Krone der Schöpfung-Mitschöpfer, Darmstadt 2010, S.155.

[29] Keel. Ottmar; Schroer, Silvia: Schöpfung. Biblische Theologie im Kontext altorientalischer Religionen, Göttingen 2002, S.179.

[30] Ebenda.

Gottes statt. Er ist ihm demnach wesensähnlich in Bezug auf seine Aufgabe- die Nutzung und Bewahrung der göttlichen Schöpfung, wobei sich der Blick des Menschen immer auf die Geschöpfe unter ihm richtet, für die er Verantwortung zu tragen hat.[31]

Betrachtet man weiterhin die Gottebenbildlichkeit unter der Bedeutung von *demut*, so ergeben sich auch für die biblischen Bezugsstellen in Gen 5,3 und Ps 8 Hinweise dieser „inneren" Ähnlichkeit von Gott und Mensch.

Die Wesensähnlichkeit liegt in der einzigartigen verwandtschaftlichen und unmittelbaren Beziehung zum Schöpfer (Gen 5,3) und zugleich in seiner, mit allen (königlichen) Würden ausgestatteten Regentschaft (Ps 8,6), die ihn zum Repräsentanten Gottes macht (Ps 8,7ff.)[32].

3. Vorstellungen der Gottebenbildlichkeit im Alten Ägypten

3.1 Die Menschenschöpfung

Um ein Verständnis für das Menschenbild der alten Ägypter zu entwickeln, ist es notwendig, bereits mit dem Schöpfungsakt zu beginnen. An dieser Stelle bleibt zu erwähnen, dass man in den ägyptischen Quellen kein vergleichbares Pendant zur Genesis findet, die an die Spitze eines umfangreichen Schöpfungsaktes den Menschen als ebenbildliches Geschöpf stellt.

Ebenso verfügt die ägyptische Mythologie über verschiedene Schöpfungshymnen, die die Entstehung der Welt und des Menschen auf vielfältige Weise erklärbar machen[33].

---

[31] Groß, Walter: Art. Gottebenbildlichkeit (Altes Testament), in: Kaspar, Walter; Baumgartner, Konrad; Bürkle, Horst (Hgg.): LThK 4, Freiburg u.a. ³1995, Sp.872.

[32] Fischer, Georg: „nach unserem Bild und unserer Ähnlichkeit" (Gen 1,26). Die provokante Aussage von der Erschaffung des Menschen im Horizont von Altem Testament und Altem Orient, in: Schmidinger, Heinrich; Sedmak, Clemens (Hgg.): Der Mensch-ein Abbild Gottes? Geschöpf-Krone der Schöpfung-Mitschöpfer, Darmstadt 2010, S.173.

[33] Zivie-Coche, Christiane; Dunand, Françoise: Die Religionen des Alten Ägypten, Stuttgart 2013, S.253ff;

3.1.1 Hymnus an Ptah

Der Schöpfergott (Demiurg) ist im ägyptischen Kontext nicht klar herauszustellen, da er unterschiedliche Verkörperungen einnimmt und in seiner jeweiligen Ausprägung auch verschiedene Aspekte bedient. So ist „ptah" der Ursprung und mächtigste ägyptische Schöpfergott, in dem alle Götter, die an der Schöpfung beteiligt waren, vereint sind. „Ptah" ist aus sich heraus erschaffen und bedarf daher keiner mythologischen Schöpfung[34]. Er ist für die Schöpfungsthematik insofern von großem Interesse, da er in seinem Hymnus mehrere Elemente erkennen lässt, die die alttestamentlichen Vorstellungen möglicherweise beeinflusst haben. Einerseits schuf er die Götter „nach seinem Ebenbilde" und bringt zumindest terminologisch die Abbild-Konzeption hervor. Weiterhin spricht er in den noch nicht vorhandenen Kosmos das „schöpferische Wort" hinein, das alles entstehen lässt und verbindet dieses mit dem handwerklichen Bau des Menschen[35], die die alttestamentliche Vorstellung des Menschen aus Staub und Lehm (Sir 33,10) beeinflusst haben könnte[36].
Richtet man an dieser Stelle seinen Blick auf die evangelische Überlieferung, so stößt man unweigerlich auf das Wort, das auch in der christlichen Tradition im Anfang lag[37].

Vgl. auch: Keel, Ottmar; Schroer, Silvia: Schöpfung. Biblische Theologie im Kontext altorientalischer Religionen, Göttingen 2002, S.178; auch: Groß, Walter: Die Gottebenbildlichkeit des Menschen im Kontext der Priesterschrift, in: Professoren der Universität Tübingen (Hgg.): ThQ 161 (1981), S.248.

[34] Zivie-Coche, Christiane; Dunand, Françoise: Die Religionen des Alten Ägypten, Stuttgart 2013, S.250.
[35] *Den dein Mund erzeugte, den deine Hände geschaffen haben, du nahmst ihn heraus aus dem Nun"* (Hymnus an Ptah), in: ebenda, S.250.
[36] Für einen Vergleich zu dieser Formulierung lässt sich an dieser Stelle die *Lehre des Amenope (vgl. ebd. 250)* heranziehen, in der es heißt: *„Der Mensch ist Lehm und Stroh".*
[37] Vgl. Einheitsübersetzung Joh 1,1:
„Im Anfang war das Wort, und das Wort war bei Gott, und das Wort war Gott."

3.1.2 Der Amon-Hymnus

Der Gott Amun oder Amon, bekannt als Amun-Re und Sonnengott, entstammt „ptah", der sowohl Vater als auch Mutter für ihn ist. Amun ist an der Menschenschöpfung mitbeteiligt, wie der „Amon-Hymnus"[38] zeigt. In ihm wird die Erschaffung des Menschen als handwerkliches Produkt des Amun beschrieben, der ihn gebaut hat, wie alle anderen Lebewesen der Erde. Dass der Mensch im Aufbau des Hymnus als Erstes im Akt der Lebewesen-Schöpfung genannt wird, könnte auf eine herausgehobene Stellung schließen lassen, bleibt jedoch spekulativ.

Neben „ptah" und Amun ist in Bezug auf die Menschenschöpfung vor allen Dingen „Chnum" zu nennen, da er den Menschen (indirekt) formt: Auf einer Töpferscheibe modelliert er ein Ei, aus welchem der Mensch letztlich entstieg.[39]

Dieser Schöpfungsakt, in dem der Mensch als Produkt einer handwerklichen Tätigkeit entsteht, unterscheidet sich kategorisch von der Entstehung des königlichen, pharaonischen Menschen, der mittels eines Aktes göttlicher Zeugung zum legitimen Herrscher und Repräsentanten des göttlichen Empyreums[40] wird. Unter 4.2 erfährt die Sonderstellung des Pharaos eine tiefergehende Betrachtung.

Verbleibt man im Rahmen der Schöpfungsmythen, so darf die *Lehre für König Merikare* nicht unerwähnt bleiben, zumal diese die einzige Ausnahme in der altägyptischen Überlieferung bildet, die allen Menschen eine

---

[38] Zivie-Coche, Christiane; Dunand, Françoise: Die Religionen des Alten Ägypten, Stuttgart 2013, S.247:
„*Er hat sich beraten mit seinem Herzen, als er dies alles plante, er hat Himmel und Erde entworfen in ihrer Eigenart. Er hat den Himmel erhoben, befestigt auf seinen vier Stützen, den Djed-Pfeiler unter seiner Scheibe. [Gegründet] hat er diese große Erde, [hervorgehend] aus dem Nun, Schen-Ur und Peher-(Ur) umgeben ihn. Er hat die Menschen gebaut, Groß-und Kleinvieh, die Vögel und Fische und alle Reptilien.*"
[39] Ebenda, S.248.
[40] *Höchster Bereich des Himmels.*

Gottebenbildlichkeit zuspricht[41]. In Bezug auf den schöpferischen Akt, sind die Menschen „aus seinem Leibe gekommen"[42]. Für sie schafft Gott die Erde und stattet sie mit verschiedenen Gaben aus, worunter eine Gabe der Herrscher ist, der „im Ei" gebildet wurde[43]. Da, wie oben bereits beschrieben, Chnum den Menschen im Ei formt, liegt die Interpretation nahe, dass dieser nur den königlichen Menschen erschafft, was wiederum die Vorstellung zweier verschiedener Schöpfungsakte, für zwei unterschiedliche Kategorien von Menschen, untermauern würde. Es deutet sich in der *Lehre für Merikare* daher nur eine bedingte Vergleichbarkeit mit Gen 1,26 an, die bei genauerer inhaltlicher Auseinandersetzung scheitert.

In Hinblick auf die ägyptischen Vorstellungen der menschlichen Schöpfung deutet sich eine Dualität an, die eine grundlegende Unterscheidung zum klassenlosen, die gesamte Menschheit einschließenden, Schöpfungsvollzug der Genesis bildet[44].

3.2 Der König als Gottheit- die altägyptische Königsideologie

Die grundlegende Vorstellung der Gottebenbildlichkeit in Gen 1,26ff. ist unstrittig von den Darstellungen der ägyptischen Königsideologie inspiriert, nach welcher dem königlichen Menschen verschiedene Würden zugeschrieben werden. Einen terminologischen Niederschlag im Alten Testament findet die Verbindung

---

[41] Groß, Walter: Art. Gottebenbildlichkeit (Altes Testament), in: Kaspar, Walter; Baumgartner, Konrad; Bürkle, Horst (Hgg.): LThK 4: Franca bis Hermenegild, Freiburg u.a. ³1995, Sp.871-873.
[42] Zivie-Coche, Christiane; Dunand, Françoise: Die Religionen des Alten Ägypten, Stuttgart 2013, S.254.
[43] Vgl. ebenda.
[44] Fischer, Georg: „nach unserem Bilde und unserer Ähnlichkeit" (Gen 1,26). Die provokante Aussage von der Erschaffung des Menschen im Horizont von Altem Testament und Altem Orient, in: Schmidinger, Heinrich; Sedmak, Clemens (Hgg.): Der Mensch- ein Abbild Gottes? Geschöpf-Krone der Schöpfung-Mitschöpfer, Darmstadt 2010, S.160.

von königlicher Würde und Herrschaft jedoch noch nicht in der Genesis, sondern erst in Psalm 8,5ff.

Zahlreiche Belege, wie bspw. Amulette, deuten im Raum Palästina/ Israel auf eine Kenntnis über die ägyptischen Ideen, nach der der königliche Mensch göttliches Abbild sei. So finden sich Skarabäen-Amulette, in denen, neben Tutmosis III., auch andere Pharaonen mit den Epitheta „Bild des Amun-Re" bezeugt sind[45]. Die Gleichsetzung des Pharaos mit einer wichtigen Gottheit ist im Alten Ägypten eine übliche Praxis, die über eine reine Abbildfunktion hinausweist[46].

Zwar finden sich in den Namensbezeichnungen[47] auch terminologische Überschneidungen in der Abbild-Konzeption, jedoch übersteigen die inhaltlichen Bedeutungen die der Genesis bei Weitem.

Im Vergleich zu Gen 1,26, in der der Mensch nach Gottes Abbild geschaffen und ihm ähnlich sei, skizziert sich für Ägypten eine andere Bedeutung: Der Pharao ist der Gottheit gleichgestellt und dies sowohl in seiner Präsenz als auch in seinen Funktionen[48].

Als Pharao repräsentiert dieser den Gott Horus auf Erden, der als Falkengott oder in einer Darstellung als Wesen zwischen Falke und Mensch häufig gezeigt wird[49]. Als Himmelsgottheit ist er auf den Pharao als seine irdische Vertretung angewiesen.

---

[45] Keel, Ottmar; Schroer, Silvia: Schöpfung. Biblische Theologie im Kontext altorientalischer Religionen, Göttingen 2002, S.178, vgl. auch: Fischer, Georg: „nach unserem Bilde und unserer Ähnlichkeit" (Gen 1,26). Die provokante Aussage von der Erschaffung des Menschen im Horizont vom Alten Testament und Altem Orient, in: Schmidinger, Heinrich; Sedmak, Clemens (Hgg.): Der Mensch-ein Abbild Gottes? Geschöpf-Krone der Schöpfung-Mitschöpfer, Darmstadt 2010, S. 157.

[46] Vgl. hierzu: Groß, Walter: Art. Gottebenbildlichkeit (Altes Testament), in: Kaspar, Walter; Baumgartner, Konrad; Bürkle, Horst (Hgg.): LThK 4: Franca bis Hermenegild, Freiburg u.a. ³1995, Sp.871-873.

[47] Tut-ench-Amun heißt übersetzt „lebendiges Abbild des Amun"; zudem gibt es ehrenvolle Beinamen, wie sie z.B. Tutmosis IV. tragen durfte („Ähnlichkeit des Re").

[48] Zivie-Coche, Christiane; Dunand, Françoise: Die Religionen des Alten Ägypten, Stuttgart 2013, S.68.

[49] Bückel, Susanne: Die Verknüpfung von Weltbild und Staatsbild. Aspekte von Politik und Religion in Ägypten, in: Kratz, Reinhard; Spieckermann, Hermann (Hgg.): Götterbilder, Gottesbilder, Weltbilder. Polytheismus und Monotheismus in der Welt der Antike Bnd.1, Tübingen 2006, S.88.

Besonders eindrücklich lässt sich der göttliche Charakter des Pharaos an der Idee der Theogamie[50] verdeutlichen, aber auch die Errichtung von Statuen und Stelen zur Repräsentanz des (göttlichen) Pharaos[51] ist von nicht unerheblicher Bedeutung. Betrachtet man den erstgenannten Aspekt, so kommt die Bedeutung des Pharaos sichtbar zum Tragen, da eine solche Geburt den göttlichen Ursprung unzweifelhaft legitimiert:

Der Gott Amun, „der die Gestalt des menschlichen Herrschers angenommen hat"[52] zeugt mit der Königin einen Nachkommen, der dadurch selbst zur Gottheit und somit auch verehrungswürdig wird.

Einen weiteren Hinweis auf die Göttlichkeit des Pharaos erhält man in Hinblick auf die Statuenpraxis, wie wir sie auch in Mesopotamien wiederfinden. Die Statue des Pharaos repräsentiert ihn im gesamten Reich als tatsächliche Gottheit. Mit ihrer Existenz, selbst in den entlegensten Gebieten des Reiches, wird der Pharao für die Menschen direkt präsent und kann in dieser Funktion seine Macht und Herrschaft demonstrieren[53]. Die Versinnbildlichung des Pharaos als Statue musste nicht immer bis zum praktizierten Kult reichen, jedoch bildete insbesondere Ramses II. ein Beispiel dafür, dass bereits zu Lebzeiten Gotteskulte vollzogen werden konnten[54]. Bildliche Darstellungen wie bspw. im Tempel von Abu

---

[50] Vgl. ebd., S.74, vgl. auch: Groß, Walter: Gen 1,26.27; 9,6: Statue oder Ebenbild Gottes? Aufgabe und Würde des Menschen nach dem hebräischen und griechischen Wortlaut, in: Baldermann, Ingo; Dassmann, Ernst; Fuchs, Otto (Hgg.): JBTh 15 (2001), S.13.
[51] Schmidinger, Heinrich: Der Mensch in Gottebenbildlichkeit. Skizzen zur Geschichte einer einflussreichen Definition, in: Schmidinger, Heinrich; Sedmak, Clemens: Der Mensch-ein Abbild Gottes?Geschöpf- Krone der Schöpfung-Mitschöpfer, Darmstadt 2010, S.9; vgl. auch: Groß, Walter: Gen 1,26.27; 9,6: Statue oder Ebenbild Gottes? Aufgabe und Würde des Menschen nach dem hebräischen und griechischen Wortlaut, in: Baldermann, Ingo; Dassmann, Ernst; Fuchs, Otto (Hgg.): JBTh 15 (2001), S.13.
[52] Zivie-Coche, Christiane; Dunand, Françoise: Die Religionen des Alten Ägypten, Stuttgart 2013, S.74 u.78.
[53] Groß, Walter: Gen 1,26.27; 9,6: Statue oder Ebenbild Gottes? Aufgabe und Würde des Menschen nach dem hebräischen und griechischen Wortlaut, in: Baldermann, Ingo; Dassmann, Ernst; Fuchs, Otto (Hgg.): JBTh 15 (2001), S.14, vgl. auch: Keel, Ottmar; Schroer, Silvia: Schöpfung. Biblische Theologie im Kontext altorientalischer Religionen, Göttinger 2002, S.179.
[54] Zivie-Coche, Christiane; Dunand, Françoise: Die Religionen des Alten Ägypten, Stuttgart 2013, S.70.

Simbel und kollossale Statuen, die er selbst in Auftrag gab, zeugen von einer praktizierten Vergöttlichung der Pharaonen.

3.3 Herrschaft und Beauftragung

Um das Ausmaß der altägyptischen Königsideologie annähernd erfassen zu können, bietet sich ein Blick in die Art und Weise des Herrschaftsverständnisses und dessen Ausübung an. Diese Betrachtung ist hierbei immer vor dem Hintergrund des alttestamentlichen Herrschaftsverständnisses des Menschen in der Genesis zu sehen.

Unter 4.2 ist der göttliche Ursprung und Anspruch des ägyptischen Pharaos angesprochen worden, der dadurch nicht nur über eine unmittelbare Nähe zu den Göttern verfügt, sondern selbst gottgleich (verehrt) wird.

Diese Herkunft legitimiert ihn, Macht auszuüben und diese funktionell zu nutzen, zumal er der einzige „Gesprächspartner der Götter"[55] sein kann. An diese vermittelnde Position zwischen ägyptischem Volk und Götterwelt ist sowohl die privilegierte Stellung des Pharaos gebunden als auch eine besondere Verantwortung. Nur ein durch den Pharao korrekt ausgeübter Kult[56] kann das Fortbestehen des Reiches und den Wohlstand im Volk sichern, für den es den Zuspruch und Schutz der Götter bedarf. Die Sorge um das Reich und den richtigen Kult, um dessen genauen Ablauf einzig der Pharao weiß, lässt den Herrscher für sein Volk als mächtige „Kraft Ägyptens"[57] erscheinen, der die Ordnung, Sicherheit und Versorgung Ägyptens sicherzustellen vermag. Für diese göttliche

---

[55] Bückel, Susanne: Die Verknüpfung von Weltbild und Staatsbild. Aspekte von Politik und Religion in Ägypten, in: Kratz, Reinhard; Spieckermann, Hermann (Hgg.): Götterbilder, Gottesbilder, Weltbilder. Polytheismus und Monotheismus in der Welt der Antike Bnd.1, Tübingen 2006, S.88.
[56] Zivie-Coche, Christiane; Dunand, Françoise: Die Religionen des Alten Ägypten, Stuttgart 2013, S.69.
[57] Ebenda, S. 84.

Beauftragung, das Land durch die kultische Praxis und die dadurch legitimierte Herrschaft zu regieren, gewähren die Götter dem Pharao nicht nur Unterstützung auf Erden, sondern ein ewiges Leben im Jenseits. Dieses besondere Privileg ist im Alten Ägypten keine selbstverständliche Annahme für jedermann. Das jenseitige Leben ist in erster Linie dem göttlichen Pharao vorbehalten, nur bedingt können seine Untertanen ihm hiernach folgen[58].

An diesem Aspekt zeigt sich in herausgehobenem Maße die Besonderheit des Pharaos gegenüber den gemeinen Menschen. Er ist letztlich das Abbild (eines) Gottes, des Gottes Amun-Re, und nicht alle Menschen, wie die Genesis deutlich bekundet[59]. Damit kann die Gottebenbildlichkeit, wie sie im Alten Ägypten verstanden wurde, in ihren terminologischen Grundzügen das Alte Israel zwar beeinflusst haben, wie auch die Fundzeugnisse der Skarabäen und Amulette zeigen[60], jedoch stellen die Erweiterung der Gottebenbildlichkeitskonzeption für alle Menschen eine neue Sicht der Genesis auf das Verhältnis zwischen Gott und Mensch dar. Eine interessante Parallele zwischen der ägyptischen Vorstellung und der Aussage in Gen 5,3 lässt sich jedoch vermuten: So, wie das göttliche Sein und die damit verbundene Bildhaftigkeit von einem Pharao auf die nächste Generation übertragen wird, wird die Gottebenbildlichkeit des ersten Menschen, Adam, auf dessen Sohn Set übertragen[61]. Nur im Nachverfolgen der weiteren Kausalkette trennen sich die Wege wieder. Während die Gottebenbildlichkeit im Alten Ägypten nur in der Königslinie weitergegeben wird, kann in der Genesis,

---

[58] Zivie-Coche, Christiane; Dunand, Françoise: Die Religionen des Alten Ägypten, Stuttgart 2013, S. 69.
[59] Groß, Walter: Die Gottebenbildlichkeit des Menschen im Kontext der Priesterschrift, in: Professoren der Universität Tübingen (Hgg.): ThQ 161 (1981), S.249.
[60] Keel, Ottmar; Schroer, Silvia: Schöpfung. Biblische Theologie im Kontext altorientalischer Religionen, Göttingen 2002, S.178.
[61] Groß, Walter: Die Gottebenbildlichkeit des Menschen im Kontext der Priesterschrift, in: Professoren der Universität Tübingen (Hgg.): ThQ 161 (1981), S. 269.

durch Adam und Set, die gesamte Menschheit Abbild Gottes sein und dieser Ebenbildlichkeit teilhaftig werden.

4. Das Menschenbild in Mesopotamien in Bezug zu Menschenschöpfung und Abbild-Gottes Konzeption

4.1 Der Mensch in Schöpfungsmythen

Ein Blick in die altägyptischen Vorstellungen der Erschaffung des Menschen und der damit eng verbundenen Frage nach der Gottebenbildlichkeitskonzeption zeigt, insbesondere in Bezug zu seiner Repräsentanz, Funktion und Herrschaft an Gottes statt, dass dem König als gottgleichen Herrscher eine herausgehobene Stellung innerhalb des Menschengeschlechtes zukam. Lediglich in der überlieferten Lehre für König Merikare ist eine Gottebenbildlichkeitsaussage für alle Menschen ersichtlich, die jedoch durch die Bezeichnung „Vieh Gottes"[62] deutlich abgeschwächt wird. Eine direkte Vergleichbarkeit mit Gen 1.26.27. ist daher nicht möglich, da allein der Terminus des „Abbildes" Gottes für ein vollumfängliches Verständnis der priesterschriftlichen Formulierung nicht ausreichend ist.

Um etwaige Parallelen zwischen der biblischen Rede und altorientalischen Vorbildern auszumachen, genügt nicht allein die Betrachtung des Alten Ägyptens. Vielmehr bedarf es einer Untersuchung der gesamten Umwelt Palästina/Israels in Gestalt der Überlieferung ihrer Schöpfungsaussagen.

---

[62] Zivie-Coche, Christiane; Dunand, Françoise: Die Religionen des Alten Ägypten, Stuttgart 2013, S.254.

Die Menschenschöpfung nimmt in mesopotamischen Erzählungen einen großen Raum ein, was der überlieferte Bestand verdeutlicht. In babylonischer/ akkadischer Tradition stehen insbesondere zwei große Epen wie der Atramhasis- und der Enuma Elis-Epos[63], die sumerische Überlieferung offenbart Vorstellungen eines natürlichen Hervorsprießens des Menschen (emersio) aus der Erde und die Schöpfungserzählung von Enki und Ninmach[64]. Letztere knüpft an die sumerische *formatio* an, die allgemein die Schöpfung des Menschen als Akt der Formung und Bildung gleichsam eines Modells beinhaltet. Da die *emersio,* die sumerische Überlieferung, nach der der Mensch ähnlich den Pflanzen aus der Erde emporsprießt, keine weitere historische Tradierung erhielt, soll an dieser Stelle nur bedingt darauf eingegangen werden. Der Vollständigkeit halber sollte *emersio* jedoch Erwähnung finden, da auch in diesem Rahmen ein Akt göttlichen Zutuns erfolgte: Der Mensch kann aus der Erde nur erwachsen, da diese zuvor vom himmlischen Gott Anu befruchtet wurde[65].

4.1.1 Enuma Eliš

Der späte babylonische Weltschöpfungsepos Enuma eliš, der im 12. Jh. v. Chr. entstanden ist[66], widmet sich, im Gegensatz zu den, das menschliche Wesen betonenden Überlieferungen, als einziger Schöpfungsmythos der Entstehung des Kosmos und der Ordnung der Götterwelt.

---

[63] Fischer, Georg: „nach unserem Bilde und unserer Ähnlichkeit" (Gen 1,26). Die provokante Aussage von der Erschaffung des Menschen im Horizont von Altem Testament und Altem Orient, in: Schmidinger, Heinrich; Sedmak, Clemens (Hgg.): Der Mensch- ein Abbild Gottes? Geschöpf-Krone der Schöpfung-Mitschöpfer, Darmstadt 2010.
[64] Hutter, Manfred: Religionen in der Umwelt des Alten Testaments I. Babylonier, Syrer, Perser, Stuttgart 1996, S.59.
[65] ebenda, S.59.
[66] Koch, Christoph: Welt/ Weltbilder (Altes Testament) in: http://www.bibelwissenschaft.de/wibilex/das-bibellexikon/lexikon/sachwort/anzeigen/details/welt-weltbild-at/ch/05371e75ea3b8a31ee6e54bcc2fa3770/.

Die Erschaffung des Menschen ist als Bestandteil jedoch in diese Erzählung eingebettet.

Zu Beginn schildert das Epos die Entstehung des Kosmos als Endprodukt eines kriegerischen Götterkampfes[67]. Die Protagonisten dieser Auseinandersetzung waren die Urgötter, die in Gestalt des Weisheitsgottes Ea und dessen Sohn Marduk, des Chaosgottes Apsu und der wässrigen Ur-Göttin Tiamat erscheinen[68]. In der Auseinandersetzung zwischen Ea und Apsus wird der Chaosgott getötet und aus ihm der unterirdische Süßwasserozean gebildet, der eine Unterwelt andeuten könnte. Marduk wiederum, Eas Sohn, erschlägt die Tiamat, um aus ihrem Körper Himmel und Erde zu formen. Als wässrige Göttin muss er sie nicht nur in beide Bereiche teilen, sondern auch dafür sorgen, dass die verschiedenen Meere nicht ausbrechen können. Für die himmlischen Wasser setzt er einen Pförtner ein und zieht ihre Haut nach innen, um einen Schutzwall zu bauen[69]. Im Himmel richtet Marduk die Wohnstätte der Götter Anu und Enlil ein, die jeweils den höchsten und mittleren Teil des Firmaments bewohnen. Ea erhält seinen Sitz im unterirdischen Süßwasserozean und dessen Sohn Marduk behält für sich die Erde als Herrschaftsterritorium vor.

Für die Erschaffung des Menschen, für die im Enuma eliš keine konkreten Gründe vorliegen, setzt Marduk, der sich zum König aller Götter hervorgetan hat, seinen Vater Ea ein.

---

[67] Wilcke, Claus: Altmesopotamische Weltbilder: Die Welt mit altbabylonischen Augen gesehen, in: Gemeinhardt, Peter; Zgoll, Annette (Hgg.): Weltkonstruktionen. Religiöse Weltdeutung zwischen Chaos und Kosmos vom Alten Orient bis zum Islam, Tübingen 2010, S.22.
[68] Koch, Christoph: Welt/ Weltbilder (Altes Testament) in: http://www.bibelwissenschaft.de/wibilex/das-bibellexikon/lexikon/sachwort/anzeigen/details/welt-weltbild-at/ch/05371e75ea3b8a31ee6e54bcc2fa3770/.
[69] ebenda.

Dieser kreiert den Menschen aus dem Blut des Gottes Kingsu, der einst Heerführer der Tiamat gewesen ist[70]. Über den Sinn der Menschenschöpfung, dessen Funktionen und Aufgaben sagt das Enuma eliš nichts aus. Lediglich das Blut als göttliche Materie wird Bestandteil der Menschen. Ob und inwieweit dieser Aspekt für die Einschätzung der menschlichen Bedeutung wichtig ist, bleibt vollständig offen. Ein Verweis auf mögliche Ebenbildlichkeitsstrukturen zwischen den Göttern und dem Menschen ist nicht zu erkennen. Die Skizzierung der großen Ur-Götter erzeugt eher ein Bild mächtiger Naturgewalten als bildliche Urbild-Abbild-Konzeptionen zwischen Mensch und Gott.

4.1.2 Atramhasis-Epos

Im babylonischen Atramhasis- Epos fällt zunächst auf, dass Lehm eine der Grundmaterien für den Menschen liefert, wie wir es aus der ägyptischen Tradition bereits kennen. Die alttestamentliche Rede vom Menschen, der aus Lehm gemacht worden ist, findet sich in Sir 33,10[71] („Alle Menschen sind aus Lehm geformt, aus Staub ist der Mensch gemacht").
An dieser Stelle lässt sich zunächst eine Verbindung aller Traditionen erkennen. Inwieweit der Lehm als metaphorische Komponente eingesetzt wird, die den Menschen als Bestandteil der Schöpfung zeigt und ihn trotz aller Besonderheiten und Funktionen seiner Geschöpflichkeit ausweist, bleibt zunächst offen. Interessant ist hierfür die Betrachtung des gesamten

---

[70] Wilcke, Claus: Altmesopotamische Weltbilder: Die Welt mit altbabylonischen Augen gesehen, in: Gemeinhardt, Peter; Zgoll, Annette (Hgg.): Weltkonstruktionen. Religiöse Weltdeutung zwischen Chaos und Kosmos vom Alten Orient bis zum Islam, Tübingen 2010, S.22.
[71] Einheitsübersetzung.

Schöpfungsaktes, wie er im *Atramhasis-Epos* festgehalten wird.

An vorderster Stelle muss die Intension Erwähnung finden, mit welcher die Erschaffung des Menschen überhaupt in Betracht genommen wurde. Hierzu ist voranzustellen, dass es zwei Götterkategorien gibt, von denen die niederen Gottheiten, die „igigu", zur schweren Arbeit verdammt sind, die sie für die höher stehenden Götter zu verrichten haben[72]. Erst eine eindringliche Beschwerde über deren unrechtmäßigen Zustand, bewirkt die Erschaffung des Menschen. Der Gott Enlil übergibt dieses Anliegen an die Muttergöttin Belet-Ili, die die Menschheit schließlich gebiert[73]. Auf die Welt kommt ein Urmensch, ein Urmodell, dass -vermutlich noch ungeschlechtlich- in zweiter Phase geschlechtlich geteilt wurde[74], da erst die Existenz eines Ur-Paares schließlich den Fortbestand der Menschheit sichern kann.

Die Vorstellung eines ersten Paares, das im Atramhasis-Epos noch unbenannt ist, finden wir auch in Gen 4,1- hier jedoch konkret benannt als Adam und Eva.

Während die Erschaffung des Menschen in Gen 1,26-27 Gott allein obliegt und die Beschreibung des „Herstellungsprozesses", bis auf den Gottebenbildlichkeitsaspekt, fehlt, schildert der

---

[72] Groß, Walter: Gen 1,26.27; 9,6: Statue oder Ebenbild Gottes? Aufgabe und Würde des Menschen nach dem hebräischen und griechischen Wortlaut, in: Baldermann, Ingo; Dassmann, Ernst; Fuchs, Otto (Hgg.): JBTh 15 (2001), S.17; auch: Fischer, Georg: „nach unserem Bilde und unserer Ähnlichkeit" (Gen 1,26). Die provokante Aussage von der Erschaffung des Menschen im Horizont von Altem Testament und Altem Orient, in: Schmidinger, Heinrich; Sedmak, Clemens (Hgg.): Der Mensch- ein Abbild Gottes? Geschöpf-Krone der Schöpfung-Mitschöpfer, Darmstadt 2010, S.154.

[73] *„Du bist der Mutterleib, der die Menschheit erschafft; erschaffe den Urmenschen, dass er das Joch auf sich nehme! Er nehme das Joch auf sich, das Werk des Enlil; den Tragkorb des Gottes trage der Mensch!"* in: Fischer, Georg: „nach unserem Bilde und unserer Ähnlichkeit" (Gen 1,269. Die provokante Aussage von der Erschaffung des Menschen im Horizont von Altem Testament und Altem Orient, in: Schmidinger, Heinrich; Sedmak, Clemens (Hgg.); Der Mensch- ein Abbild Gottes? Geschöpf-Krone der Schöpfung-Mitschöpfer, Darmstadt 2010, S.154.

[74] Hutter, Manfred: Religionen in der Umwelt des Alten Testaments I. Babylonier, Syrer, Perser, Stuttgart 1996, S.59.

Atramhasis-Epos eine sehr detaillierte Verfahrensweise.
Neben dem, für Babylon sehr bedeutungsvollen, Material
Lehm (Baumaterial, Schreibunterlagen, Dachziegel, etc.),
überliefert die Erzählung zwei weitere Bestandteile, die
für die Menschenschöpfung unabkömmlich gewesen sind:
Fleisch und Blut[75].

Diese beiden Bestandteile entstammen einer Gottheit, die
explizit für den Akt der menschlichen Schöpfung getötet
werden muss[76]. Im Atramhasis- Epos wird für diese
Tötung der Gott Geštue[77] ausgewählt. Diese Gottheit
verfügt, laut der Überlieferung, über Verstand und
Planungshaftigkeit, was ihn somit nicht willkürlich zum
Lieferanten für Fleisch und Blut macht. Selbst der Name
verweist auf ein mit Verstand bedachtes Wesen[78]. Diese
beiden Komponenten bilden die Grundlage dafür, den
Menschen zu einem vernunftbegabten Wesen machen und
ihn zugleich teilhaft werden zu lassen am Göttlichen.
Dass, was zuvor nur den Gottheiten vorbehalten war,
planungsvolles Vorgehen und Nutzen eines Verstandes,
kommt nun auch dem Menschen zu.

Mit der Gabe des Blutes, das neben Fleisch erforderlich
ist, erfolgt zudem auch die Gabe des Lebensprinzips. Die
Verbindung von Blut als Sitz der Lebenskraft[79] ist im
alttestamentlichen Kontext stark bezeugt (Lev 17,11.14;
Dtn 12,23). Ohne *nefesch*, dass eine Vielzahl an

---

[75] Fischer, Georg: „nach unserem Bilde und unserer Ähnlichkeit" (Gen 1,26). Die provokante Aussage von der Erschaffung des Menschen im Horizont von Altem Testament und Altem Orient, in: Schmidinger, Heinrich; Sedmak, Clemens (Hgg.): Der Mensch- ein Abbild Gottes? Geschöpf Krone der Schöpfung-Mitschöpfer, Darmstadt 2010, S.154; vgl. auch: Hutter, Manfred: Religionen in der Umwelt des Alten Testaments I. Babylonier, Syrer, Perser, Stuttgart 1996, S.59.
[76] Es existiert ein weiterer babylonischer Mythos außer dem Athramhasis-Epos, nachdem nicht der Gott Geštue geopfert wurde, sondern die sogenannten Alla-Gottheiten. Sie werden aber auch hier durch die großen Götter, die Annunaki, getötet, um die Menschen zu erschaffen.
[77] Hutter, Manfred: Religionen in der Umwelt des Alten Testaments I. Babylonier, Syrer, Perser, Stuttgart 1996, S.59 u. 60.
[78] Sumerisch „geštu"+ akkadisch „uznu" meinen in der Übersetzung „Ohr, Verstand", siehe: ebenda, S.60.
[79] Almekias-Siegl, Salomon: Nefesch. Saft des Lebens. Die Tora betont die besondere Bedeutung des Blutes als Sitz der Seele, in: Jüdische Allgemeine vom 2013-03-21, auf: http://www.juedischeallgemeine.de/article/view/id/15500.

Bedeutungen enthält (Kehle, Schlund, (Lebens) Atem, Lebendigkeit, etc.) und häufig auch Synonym für Seele genutzt wird, ist der Mensch nicht lebensfähig[80]. Möglichweise spielen diese Überlegungen bei der Zusammensetzung des Menschen aus eben jenen Bestandteilen eine nicht unbedeutende Rolle. In jedem Fall ist ersichtlich, dass die Formung aus Lehm nicht allein ausreicht, um ein Wesen wie den Menschen zu kreieren. Es bedarf demnach sowohl einer irdischen Komponente als auch diverser Anteile am göttlichen Sein, im Atramhasis-Epos durch Blut und Fleisch des Gottes Geštue repräsentiert. Ein Verweis darauf, dass die Menschen untereinander nicht gleichgestellt seien, findet sich in der Erzählung nicht. Ein Unterschied besteht lediglich zwischen den Göttern und den Menschen, die zwar vernunftbegabt, aber zur zweckmäßigen Verrichtung der irdischen Tätigkeiten erschaffen worden sind.

4.1.3 Der Lullu- und der Maliku-Mensch

Während der Atramhasis-Epos noch keine Unterscheidungen zwischen den Menschen untereinander vollzieht, entwirft die neubabylonische Tafel VAT 17019, die um ca. 1000-500 v.Chr. entstanden ist[81], ein anderes Bild vom Menschen. Sie lehnt sich in ihrer Beschreibung des (gemeinen) Menschen zwar an den Atramhasis-Epos an, bringt jedoch auch eine weitere Menschengattung ins Spiel, die mit besonderen Würden ausgestattet wird. Der Mensch, wie er aus Lehm und zur Verrichtung der Arbeit geschaffen wurde, wird als Lullu-Mensch bezeichnet. Ihm gegenüber befindet sich der sogenannte

---

[80] Lies, Kathrin: Art. Leben (2008), auf: http://www.bibelwissenschaft.de/stichwort/24713/.
[81] Groß, Walter: Art. Gottebenbildlichkeit (Altes Testament), in: Kaspar, Walter; Baumgartner, Konrad; Bürkle, Horst (Hgg.): LThK 4, Freiburg u.a. ³1995, Sp. 872.

Maliku-Mensch, ein königlicher Mensch, der stark an das ägyptische Pendant des Pharaos erinnert[82].
Der Maliku-Mensch wird von den Gottheiten in besonderer Weise gewürdigt[83]. Er, der königliche Mensch, ist es überhaupt erst, der in direktem Kontakt mit den Göttern steht. Auf diese Weise erhält der Maliku-Mensch in seinem spezifischen Schöpfungakt die Krone vom Vater der Götter, Anu, verliehen, während Enlil ihn mit dem Königsthron, Nergal ihn mit Waffen ausstattet. Das schöne Erscheinungsbild erhält der Maliku-Mensch von der Muttergöttin Belet-Ili, die die Menschheit auf die Welt brachte[84]. Dass mit seiner Schöpfung ein Mensch anderer Qualität in Erscheinung tritt, bezeugen auch weitere babylonische Erzählungen, in denen es u.a. heißt.
„*Du hast den Lullu-Menschen geschaffen, bilde nun den König, den überlegen-entscheidenden Menschen!*"[85].
Interessant hieran ist, dass die Planungs-und Verstandesfähigkeit, die im Atramhasis-Epos allen Menschen zukam, hier lediglich auf den Maliku-Menschen, die Königsgestalt, projiziert wird.

4.2 Königsideologie und Gottesstatuenmetapher in Mesopotamien

Während die Unterschiedlichkeit zwischen dem Lullu- und dem königlichen Maliku-Menschen durch die Vermittlung der neubabylonischen Tafel VAT 17019

---

[82] Ebenda, Sp.872.
[83] Groß, Walter: Gen 1,26.27; 9,6: Statue oder Ebenbild Gottes? Aufgabe und Würde des Menschen nach dem hebräischen und dem griechischen Wortlaut, in: Baldermann, Ingo; Dassmann, Ernst; Fuchs, Otto (Hgg.): JBTh 15 (2001), S.17.
[84] Hutter, Manfred: Religionen in der Umwelt des Alten Testaments I. Babylonier, Syrer, Perser, Stuttgart 1996, S.60.
[85] Fischer, Georg: „nach unserem Bilde und unserer Ähnlichkeit (Gen 1,26). Die provokante Aussage von der Erschaffung des Menschen im Horizont von Altem Testament und Altem Orient, in: Schmidinger, Heinrich; Sedmak, Clemens (Hgg.): Der Mensch- ein Abbild Gottes? Geschöpf-Krone der Schöpfung-Mitschöpfer, Darmstadt 2010, S. 154.

deutlich herausgestellt wurde, in Verkörperung der jeweils spezifischen Schöpfungsakte, Eigenschaften und Art der Teilhabe an der göttlichen Sphäre, muss nun die Beziehung zwischen dem König und der/den Gottheit/en genauer untersucht werden.

Eine Königsideologie, die bereits aus der ägyptischen Tradition bekannt ist, scheint auch im mesopotamischen Raum populär gewesen zu sein, wie die Unterscheidung beider Menschengattungen bereits im Schöpfungsakt zeigt (VAT 17019).

Ein Blick in den mesopotamischen Sprachgebrauch lässt zuallererst eine Gemeinsamkeit zwischen dem Akkadischen, Assyrischen und Babylonischen erkennen: Das häufig genutzte Wort „salmu" ist in allen drei Dialekten bezeugt und vereint eine große semantische Tragweite, die von „Statue, Bild, Skulptur, Relief" bishin zu „Gestalt, Abbildung, Ähnlichkeit" reichen kann[86].

Da alle Hauptdialekte Mesopotamiens der semitischen Sprachfamilie zugeordnet werden können, liegt auch eine sprachliche Verwandtschaft mit dem hebräischen *slm* (sælæm) vor, was so viel wie „Figur, Statue, Bild" bedeutet.[87]

---

[86] Keel, Ottmar; Schroer, Silvia: Schöpfung. Biblische Theologie im Kontext altorientalischer Religionen, Göttingen 2002, S.179 u. Fischer, Georg: „nach unserem Bild und unserer Ähnlichkeit" (Gen 1,26). Die provokante Aussage von der Erschaffung des Menschen im Horizont von Altem Testament und Altem Orient, in: Schmidinger, Heinrich; Sedmak, Clemens (Hgg.): Der Mensch- ein Abbild Gottes? Geschöpf-Krone der Schöpfung-Mitschöpfer, Darmstadt 2010, S.155.

[87] ebenda, S. 155, vgl. auch: Groß, Walter: Die Gottebenbildlichkeit des Menschen im Kontext der Priesterschrift, in: Professoren der Universität Tübingen (Hgg.): ThQ 161 (1981), S.248 u. Groß, Walter: Art. Gottebenbildlichkeit (Altes Testament), in: Kaspar, Walter; Baumgartner, Konrad; Bürkle, Horst (Hgg.): LThK 4, Freiburg u.a. ³1995, Sp.871.

Dass *salmu* nicht nur die herausgehobene Stellung des königlichen Menschen gegenüber des einfachen (Lullu-) Menschen, sondern die besondere Nähe zu den Göttern betont, finden wir erstmalig bei Tukulti-Ninurta (1247-43 v.Chr.)[88]. Dieses Verständnis vom König als Abbild (eines) Gottes nimmt historisch zu und reicht hinein bis in die neuassyrische Zeit[89], in der der König sowohl Abbild des Gottes Bel, des Sonnengottes Schamasch oder auch des Gottes Marduk sein konnte[90].

Schriftliche Zeugnisse finden sich hierbei u.a. in Briefen von Adad-sumu-usur, der den Beschwörungspriestern von Asarhaddon vorstand. So berichtet er: *„Der Vater des Königs, mein Herr, war das Abbild* [des Gottes] *Bel, und der König, mein Herr, ist das Abbild* [des Gottes] *Bel"* oder auch, in Bezug auf den Sonnengott: *„Der König, der Herr der Welt, das Abbild von Schamasch ist er."*[91]

Wie die Aussagen deutlich zeigen, ist der König nun nicht mehr allein durch einen gesonderten Schöpfungsakt und damit verbundene diverse Privilegien charakterisiert, sondern befindet sich zunehmend in einer Abbild-Konzeption zu verschiedenen Gottheiten. Dies rückt den königlichen Menschen sichtlich in eine, beinahe gottgleiche, Verehrungsstufe, wie wir sie bereits im Alten Ägypten vorfinden, nur mit der Unterscheidung, dass der Pharao Abbild des Amun-Re genannt wird.

---

[88] *„Er ist das ewige (Ab) Bild Enlils"* in: Fischer, Georg: „nach unserem Bilde und unserer Ähnlichkeit" (Gen 1,26). Die provokante Aussage von der Erschaffung des Menschen im Horizont von Altem Testament und Altem Orient, in: Schmidinger, Heinrich; Sedmak, Clemens (Hgg.): Der Mensch- ein Abbild Gottes? Geschöpf-Krone der Schöpfung-Mitschöpfer, Darmstadt 2010, S.156.

[89] Groß, Walter: Gen 1,26.27; 9,6: Statue oder Ebenbild Gottes? Aufgabe und Würde des Menschen nach dem hebräischen und griechischen Wortlaut, in: Baldermann, Ingo; Dassmann, Ernst; Fuchs, Otto (Hgg.) JBTh 15 (2001), S.15.

[90] Fischer, Georg: „nach unserem Bilde und unserer Ähnlichkeit" (Gen 1,26). Die provokante Aussage von der Erschaffung des Menschen im Horizont von Altem Testament und Altem Orient, in: Schmidinger, Heinrich; Sedmak, Clemens (Hgg.) Der Mensch- ein Abbild Gottes? Geschöpf-Krone der Schöpfung-Mitschöpfer, Darmstadt 2010, S.156.

[91] Ebenda, S.156.

Dieser König-Gott-Bezug überträgt sich auf steinerne Skulpturen, Statuen oder Embleme, die die unmittelbare Repräsentanz des Königs als zumindest gottähnlichen Herrscher demonstrieren sollte[92]. Der König ist in seiner herrschenden Funktion, ausgestattet von den Göttern mit allen Insignien, für sein Volk als Statue nicht nur materiell greifbar, sondern auch ideell anwesend[93]. Auf diese Weise ist die Ausübung der königlichen Herrschaft auch in entlegeneren Gebieten des eigenen Reiches möglich. Der König entwickelt sich daher zu einer Statue Gottes, repräsentiert sowohl sich selbst als auch die Gottheit in seiner Abbildfunktion, was auch die Begrifflichkeit der Gottesstatuenmetapher[94] erklärt. Was die Statue funktional für den König auszuüben vermag, erinnert an die Bestimmung des Menschen in Gen 1.27ff: So, wie die Statue den königlichen Menschen vertritt, nehmen in den priesterschriftlichen Aussagen und denen in Ps 8 die Menschen beider Geschlechter die Vertretung Gottes auf Erden ein.

4.2.1 Die Statue des Hadad Yisi in Tel Fekheriye

Die Repräsentation von Königen durch Statuen und Skulpturen ist, wie 5.2 beschrieben hat, fest im mesopotamischen Kulturraum verankert, was den Fund der Statue des Hadad Yisi am 22. Februar 1979 nicht außergewöhnlich erscheinen lässt. Bei näherer Betrachtung wird die Besonderheit dieses Fundes jedoch deutlich. Die

---

[92] Schmidinger, Heinrich: Der Mensch in Gottebenbildlichkeit. Skizzen zur Geschichte einer einflussreichen Definition, in: Schmidinger, Heinrich; Sedmak, Clemens: Der Mensch- ein Abbild Gottes? Geschöpf-Krone der Schöpfung-Mitschöpfer, Darmstadt 2010, S.09.

[93] Keel, Ottmar; Schroer, Silvia: Schöpfung. Biblische Theologie im Kontext altorientalischer Religionen, Göttingen 2002, S.179.

[94] Groß, Walter: Gen 1,26.27: Statue oder Ebenbild Gottes? Aufgabe und Würde des Menschen nach dem hebräischen und dem griechischen Wortlaut, in: Baldermann, Ingo; Dassmann, Ernst; Fuchs, Otto (Hgg.): JBTh 15 (2001), S.12.

Inschrift, die die aramäischen Begrifflichkeiten *sælæm* und *dmwt* verwendet und aufgrund ihres Alters die ältesten aramäischen Textzeugnisse stellt[95], findet sich ebenso in den Gottebenbildlichkeitsaussagen der Priesterschrift. Dort bestimmt sich *sælæm*, wie bereits unter Kapitel 2 erwähnt, als „Bild, Abbild" und drückt die Abbildfunktion des Menschen aus, während *dmwt* sich auf den qualitativen Wesensinhalt fokussiert. Während Gen 1 die ebenbildliche (Wesens)Bestimmung des Menschen zu Gott mithilfe dieser Begriffe vorzunehmen versucht, erscheinen *sælæm* und *dmwt* für die Statue des Hadad Yisi jedoch als Verweis des Bildes auf den konkret Abgebildeten[96]. Im Folgenden heißt dies, dass die Genesis von einem größeren Zusammenhang Gebrauch macht und die Beziehung von Mensch und Gott in den Vordergrund stellt. Im inschriftlichen Gebrauch der Statue in Tel Fekherije meinen die sprachlichen Bestimmungen lediglich den Zusammenhang zwischen Mensch und Skulptur. Nichtsdestotrotz ist die semantische und verwandtschaftliche Beziehung der Sprachausdrücke ein wichtiges Substrat, was aus dem syrischen Fund entnommen werden kann und nur umso mehr die direkten (sprachlichen) Zusammenhänge zwischen Palästina/Israel und seiner Umwelt verdeutlicht.

5. Schlussreflexion

Die Vielschichtigkeit der altorientalischen Überlieferungen zeigt in Hinblick auf die biblische Rede eine vor allem terminologische Inspiration. Allein die sprachliche Verwandtschaft des hebräischen *sælæm* mit dem in

---

[95] Groß, Walter: Die Gottebenbildlichkeit des Menschen nach Gen 1,26-27 in der Diskussion des letzten Jahrzehnts, in: BN 68 (1993), S.41.
[96] Ebenda, S.42.

Mesopotamien verwendeten *salmu*, verdeutlicht die Einflüsse der Umwelt Israels. Besonders anhand der königlichen Begrifflichkeiten wie sie uns in Ps 8 erscheinen, lässt sich auf eine Bekanntschaft Israels mit den Königsideologien der direkten Umgebung schließen, die den Menschen zuerst in königliche Nähe rückten, um ihn dann der göttlichen Sphäre zuschreiben zu können. Sowohl die Pharaonen Ägyptens als auch die Herrscher Mesopotamiens wurden auf diese Weise *Abbilder Gottes*, was sich in der Gottesstatuenmetapher nur noch manifestierte. Diese Metapher war dem Alten Israel bekannt, wie zahlreiche Funde belegen. Die Einflüsse der altorientalischen Umwelt sind folglich nicht zu leugnen und müssen bei der Betrachtung der alttestamentlichen Rede stets mitbedacht werden. Nichtsdestotrotz erweisen sich die biblischen Aussagen der Genesis auch einer neuen Eigenständigkeit, die über ihre Inspirationen hinausreicht. Um die Besonderheit der biblischen Rede von der Gottebenbildlichkeit gegenüber ihren altorientalischen Kontexten, Parallelen und Hintergründen herauszustellen, muss man zuerst aus dem Blickwinkel des Menschenbildes heraus beleuchten, was die Priesterschrift so auszeichnet. Die Genesis bestimmt den Menschen als Gottes Ebenbild und Bewahrer der Schöpfung, der in verantwortungsvoller Repräsentanz an Gottes statt handeln soll. Er ist eingebunden in die gesamte, göttliche Schöpfung und in einem aktiven Beziehungsverhältnis an Gott gebunden, was alle Menschen gleichermaßen erfahren. Diese Eingebundenheit ist eine mit Verantwortung, Verpflichtung und Würde bedachte Bestimmung, die sich vom Bild des Menschen als „Mittel zum Zweck" zur Verrichtung schwerer Arbeit, wie wir sie exemplarisch im Atramhasis-Epos Mesopotamiens vorfinden, bei Weitem unterscheidet. Die Intension der Menschenschöpfung ist in der Genesis kein Ergebnis eines blutigen Götterkampfes, wie ihn z.B. das Enuma eliš schildert, sondern ein friedvoller Prozess, den Gott selbst für gut befindet (Gen 1,10.25.31).

Der Mensch ist in der Genesis eingebunden in das gesamte Werk Gottes und zugleich letzter Schöpfungsakt einer guten Schöpfung (Gen 1,31). Diese Eingebundenheit der gesamten Menschheit in das göttliche Werk findet sich weder im Alten Ägypten noch in Mesopotamien.

Im priesterschriftlichen Schöpfungsbericht selbst wird die Besonderheit des Menschen deutlich: er ist um seiner selbst willen von Gott geschaffen, der ihn durch die Erschaffung als sein Abbild bereits mit Würde kennzeichnet.

Alle Menschen sind in der Genesis gleichsam Gottes Ebenbilder, was einen zentralen Unterschied zu altägyptischen und mesopotamischen Vorstellungen ausmacht. Während der Mensch in der Genesis würdevoller Verwalter und Repräsentant Gottes ist, bestimmt die Königsideologie des Alten Ägyptens nur den Pharao mit diesen Herrscherprivilegien. In Mesopotamien ist der Mensch ein ohne Würden bedachtes Geschöpf, welches Arbeit für die Gottheit(en) zu verrichten hat. Wie wir in der Überlieferung des doppelten Schöpfungsaktes zu Lullu-und Maliku-Menschen sehen konnten, ist die Abstufung zwischen königlichem und gemeinem Menschen so stark, dass die Bedeutsamkeit des einfachen Menschen nahezu vollständig erlischt. Er ist weder Würden-noch Herrschaftsträger und unfähig in direkten Kontakt zu seinem Gott zu treten. Dies dürfte wohl die grundlegendste Unterscheidung zwischen der Genesis und ihrer altorientalischen Umwelt sein. Einzig der königliche Mensch im Alten Ägypten und in Mesopotamien kann eine Beziehung zu Gott eingehen. Ihm kommt auch die Herrschaftsbestimmung zu, um Ordnung und Sicherheit für das Volk zu generieren.

Um die Gottebenbildlichkeit der Genesis vollends zu begreifen, ist ein weiterer Aspekt zu betrachten. Der Mensch der Priesterschrift zeichnet sich nicht nur durch seine Bestimmung und die Art seiner Erschaffung allein aus. Er ist durch seine besondere Verbundenheit mit Gott gewürdigt, die ihn in ein, mit Liebe bedachtes, verwandtschaftliches Geflecht (Gen 5,3) einbindet. Jeder Mensch, unabhängig von Geschlecht, Herkunft und gesellschaftlicher Stellung kann sich unvermittelt Gott zuwenden. Es bedarf keines Mittlers, wie wir beispielhaft in der Person des Pharaos erkennen können. Die Verbindung zwischen Geschöpf und Schöpfer ist eine so direkte, wie die eines Kindes zu seinem Vater (Gen 5,3).

In dieser Beziehung ist der Mensch in einem freien Bekenntnis zu Gott und nicht an ihn durch einen stetigen Arbeitsdienst gebunden. Diese Freiheit bedeutet in der Genesis auch eine vollumfassende Verantwortung, die in Ägypten und Mesopotamien nur den königlichen Herrschern obliegt. Zugleich betont die Priesterschrift die Gottebenbildlichkeit von Mann und Frau, wie sie in keinem ägyptischen oder mesopotamischen Vergleichstext vorkommt. Während die altorientalischen Überlieferungen die Trennung der Geschlechter weder konkret beschreibt noch erklärt, findet sich in der biblischen Rede eine exakte Aussage. Beide Geschlechter sind gleichermaßen Gottes Ebenbilder und gleichsam beauftragt zu herrschen. Zudem betont die Geschlechtlichkeit der Menschen auch ihre Beziehung untereinander. Der Mensch ist nicht nur in die Beziehung zu Gott eingebunden, sondern auch in die zu seinen Mitmenschen, woraus sich auch eine grundlegende ethische Verpflichtung speist. In diesem Gesamtzusammenhang kann nicht nur von einer konkreten Erweiterung, sondern von einer provokanten Neuentwicklung des Menschenbildes in der Genesis gesprochen werden. Trotz unstrittiger historisch-kultureller und sprachlicher Schnittmengen, besteht die Besonderheit der biblischen Rede nicht zuletzt in einer andauernden, generationsübergreifenden Herausforderung, die das *dominum terrae* noch übersteigt und die Gleichheit aller Menschen ohne jegliche Einschränkung fordert.

6. Literatur- und Quellenverzeichnis

Bibelübersetzung

- Die Bibel: Altes und Neues Testament. *Einheitsübersetzung*, Freiburg im Breisgau 1999.

Monographien

- Hutter, Manfred: *Religionen in der Umwelt des Alten Testaments I. Babylonier, Syrer, Perser*, Stuttgart 1996.

- Keel, Ottmar; Schroer, Silvia: *Schöpfung. Biblische Theologie im Kontext altorientalischer Religionen*, Göttingen 2002.

- Neumann-Gorsolke, Ute: *Herrschen in den Grenzen der Schöpfung. Ein Beitrag zur alttestamentlichen Anthropologie am Beispiel von Psalm 8, Genesis 1 und verwandten Texten*, Neukirchen-Vluyn 2004.

- Zivie- Coche, Christiane; Dunand, Françoise: *Die Religionen des Alten Ägypten*, Stuttgart 2013.

Lexika

- Dreier, Horst (Hrsg.): Art 1-9 Rn 2-5, In: *Grundgesetzkommentar Bnd.1*, Tübingen [2]2004.

- Kaspar, Walter; Baumgartner, Konrad; Bürkle, Horst (Hgg.): *LThK 4: Franca bis Hermenegild*, Freiburg u.a. [3]1995, 871-872.

Aufsätze in Sammelbänden

- Bückel, Susanne: *Die Verknüpfung von Weltbild und Staatsbild. Aspekte von Politik und Religion in Ägypten*, in: Kratz, Reinhard; Spieckermann, Hermann (Hgg.): *Götterbilder, Gottesbilder, Weltbilder. Polytheismus und Monotheismus in der Welt der Antike Bnd.1*, Tübingen 2006, S.79-99.

- Fischer, Georg: *„nach unserem Bilde und unserer Ähnlichkeit" (Gen 1,26). Die provokante Aussage von der Erschaffung des Menschen im Horizont von Altem Testament und Altem Orient*, in: Schmidinger, Heinrich; Sedmak, Clemens (Hgg.): *Der Mensch- ein Abbild Gottes? Geschöpf- Krone der Schöpfung- Mitschöpfer*, Darmstadt 2010, S.153-175.

- Kuschel, Karl-Josef: *Der Mensch-Abbild oder Statthalter Gottes? Konsequenzen für Juden, Christen und Muslime*, in: Schmidinger, Heinrich; Sedmak, Clemens (Hrsg.): *Der Mensch-ein Abbild Gottes? Geschöpf-Krone der Schöpfung-Mitschöpfer*, Darmstadt 2010, S.47-60.

- Schmidinger, Heinrich: *Der Mensch in Gottebenbildlichkeit. Skizzen zur Geschichte einer einflussreichen Definition*, in: Schmidinger, Heinrich; Sedmak, Clemens (Hgg.): *Der Mensch- ein Abbild Gottes? Geschöpf-Krone der Schöpfung- Mitschöpfer*, Darmstadt 2010, S.7-42.

- Weipert, Manfred: *Tier und Mensch in einer menschenarmen Welt. Zum sog. dominum terrae in Genesis 1*, in: Mathys, Hans-Peter (Hrsg.): *Biblisch-Theologische Studien. Ebenbild Gottes- Herrscher über die Welt. Studien zu Würde und Auftrag des Menschen*, Neukirchen-Vluyn 1998, S.35-55.

- Wilcke, Claus: *Altmesopotamische Weltbilder: Die Welt mit altbabylonischen Augen gesehen*, in: Gemeinhardt, Peter; Zgoll, Annette (Hgg.): *Weltkonstruktionen. Religiöse Weltdeutung zwischen Chaos und Kosmos vom Alten Orient bis zum Islam*, Tübingen 2010, S.1-23.

Aufsätze in Fachzeitschriften

- Groß, Walter: *Die Gottebenbildlichkeit des Menschen im Kontext der Priesterschrift*, in: Professoren der Universität Tübingen (Hgg.): ThQ 161 (1981), S.244-264.

- Groß, Walter: *Gen 1,26.27; 9,6: Statue oder Ebenbild Gottes? Aufgabe und Würde des Menschen nach dem hebräischen und dem griechischen Wortlaut*, in: Baldermann, Ingo; Dassmann, Ernst; Fuchs, Otto (Hgg.): JBTh 15 (2001), S.11-38.

- Groß, Walter: *Die Gottebenbildlichkeit des Menschen in Gen 1,26-27 in der Diskussion des letzten Jahrzehnts*, in: BN 68 (1993), S.35-48.

- Wellmann, Bettina: *Die Erzählungen vom Anfang. Hintergründe zur biblischen Schöpfungstheologie*, in: WuB 80 (2016), S.26-35.

Internetressourcen

- Lies, Kathrin: *Leben* (2008), auf: http://www.bibelwissenschaft.de/stichwort/24713/.

- Koch, Christoph: *Welt/ Weltbilder* (AT) (2013), auf: http://www.bibelwissenschaft.de/stichwort/34756.

- Almekias-Siegl, Salomon: Nefesch. *Saft des Lebens. Die Tora betont die besondere Bedeutung des Blutes als Sitze der Seele* (2013), auf: http://www.juedischeallgemeine.de/article/view/id/15500.

BEI GRIN MACHT SICH IHR WISSEN BEZAHLT

- Wir veröffentlichen Ihre Hausarbeit, Bachelor- und Masterarbeit

- Ihr eigenes eBook und Buch - weltweit in allen wichtigen Shops

- Verdienen Sie an jedem Verkauf

Jetzt bei www.GRIN.com hochladen und kostenlos publizieren